JN440005

쇠기러기 설악을 날다

-제6 디카시집

쇠기러기
설악을 날다

초판 1쇄 인쇄 2017년 09월 30일
지은이 이상범
펴낸이 이승훈
펴낸곳 해드림출판사
주 소 서울 영등포구 경인로82길 3-4(문래동1가 39)
센터플러스빌딩 1004호(우편 07371)
전 화 02-2612-5552
팩 스 02-2688-5568
E-mail jlee5059@hanmail.net

등록번호 제87-2007-000011호
등록일자 2007년 5월 4일

* 책값은 표지에 있습니다
* 잘못된 책은 바꿔드립니다

ISBN 979-11-5634-230-4

쇠기러기 설악을 날다

POEMS BY
LEE SANG BOEM

이상범 시집

해드림출판사

디카시詩가 단시조의 격조를 높인 감성의 시경詩經

디카시집 만으로 여섯 권째가 된다. 사진 찍고 포토샵을 하는 시간이 어언 15년이 흘렀다. 작은 소모품 카메라가 13개인가 15개가 소모되었다. 끝도 없는 길을 걸어온 셈이다.

그간 많은 것을 터득했다. 분명한 것은 이건 작품이 되겠다 싶은 감을 바로 알아차리게 되었다는 것이다. 찍으면서, 혹은 찍은 뒤에, 딴은 포토샵을 통해 시를 추출해 내는 방법도 이내 깨칠 수 있게 되었다. 일테면 디지털시대에 시와의 융합을 통해 디카시로서 일조했다는 자부심 같은 것도 있을 법하다.

조금만 관심을 지닌 분은 시집을 받으면 한 번이 아니고 최소 두 번쯤은 음미했다고도 했다. 그러니까 첫 번째 디카시집을 낼 무렵과는 많은 변모를 보여 왔다. 때로는 깊게 그리고 높게 또는 단순화하면서 시조의 바람직한 면면으로 승화하게 되었다. 남이 못 듣는 소리 속에 들을 수 있는 소리,

다른 이에겐 보이지 않는 영상을 볼 수 있는 영역을 짚어가는 일순의 기쁨도 맛보았다. 그만큼 디카 사진의 완성은 사진 80% + 그림 20%(포토샵)가 시와 맞아 떨어지는 디카시와의 조우도 볼 수 있었다. 여기엔 기도가 합세하는 시작의 기쁨도 가끔은 있었다. 그러나 미흡하다는 느낌을 지울 수가 없다.

위와 같은 시가 사진과 융합하여 핵반응을 일으키듯 감성과 높은 경지를 이룩해 가는 것을 디카시의 목표로 삼고 싶었다고 했었다. 지금도 그러하다. 이 같은 디카시집의 출간을 기꺼이 맡아준 이승훈 사장에게 진실로 고맙다는 인사를 남긴다.

2017년 가을 이상범

목 차

제1부

제2부

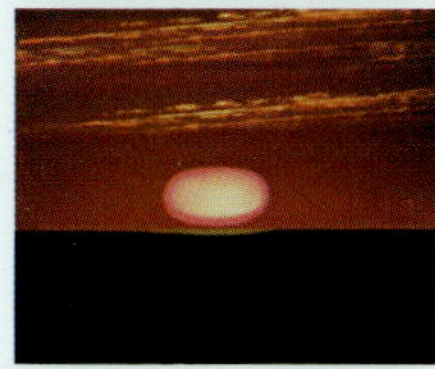

제3부

제4부

제 1 부

방울 비짜루

노래하는 비짜루

청소 하려 방을 쓸 때

흔들리는 방울 소리

맑은소리 은방울 소리

귀가 밝은 쇠 방울 소리

잉가잉 징가잉 소리

노래하는 비짜루……

정동진의 일출

정동진 새벽꿈에

-두 마리 용, 홍연에게

어쩌면 금빛의 용

뿔을 단 붉은 눈의 위용

아시아의 용을 넘어

발돋움 하는 세계

어느 날 정동진 새벽꿈에

해돋이를 보았다.

백두대간, 설악을 넘어온 기러기 떼가
도래지를 향해 똑바로 하강하고 있다

쇠기러기 비행

설악에서 나래를 고정

쏜살같이 내닫는 도래지

한 사흘 머물다 서해안

겨울나기 할까 보다

자욱한 철새족의 축제

춤으로 푼 고향 사투리…….

포인세티아 이슬

경악하는 이슬

방금 꽃잎을 밟고

벌레 한 쌍이 지나갔다

금세 나누던 사랑

수컷을 삼키고 있었다

이슬도 놀라는 형국

사마귀의 고얀 뒤풀이…….

검은 돌 속의 보초 서는 미어캣

보초 서는 미어캣*

놈들의 보초 순번은

누가 정해 점검할까

깜박 졸다 넘어지는

놈들을 가끔 보았다

야간엔 보초 없는 너네 들

무얼 했나 요놈들

*미어캣-사막의 굴 속에 잡단생활하며 보초 잘 서는 귀여운 동물

새싹의 예쁜 손 모습

손에 손을 여미고

손에 손을 여미는 날

벚꽃 지는 둑길을 밟았고

손이 손을 잡은 날은

밤눈 오는 눈길을 걸었다

물오른 새순이 가리키는

세상 환한 깊은 고요…….

붉은 이끼 이슬 세 개

추기경 세 분이

밝고 말갛게 살아

수壽를 누린다고 했다

기도가 뜨거워질 때

몸이 가벼워지고

진리가 움직이는 삶일 때

큰 기쁨이 온다고 했다

서리 맞은 단풍 잎

서리 상霜 자字

단풍의 붉은 잎이

늦가을을 태우고 있다

산이 온통 붉은 불꽃

활활 타면 호된 추위

끝내는 새벽녘의 서릿발

단풍 서리 상霜자였다

보리수 열매의 삼색

보리수의 암시

보리수 가지 하나에

봄 여름 가을이 있다

보리수 가지 하나에

청년 장년 노년이 있다

염주*로 꿰어본 생애

전생 현생 내생도 있다

*염주-딴은 보리수인 피나무의 열매로 염주를 만든다

산수유 열매와 새싹

붉은 몸통 아기 새

붉은 열매 겨울나고

새싹은 새 새끼 입

붉은 몸통 새 새끼는

붉은 열매 양분도 받아

따뜻한 봄날의 며칠 뒤

새는 떠나고 안보였다

산딸나무의 늦게 핀 어린잎,

꼭 사랑의 징표인 듯 보임

사랑의 자물쇠

저마다 사랑의 언약

새겨 넣은 자물통

'검은 머리 파뿌리 되어도

너 하나만 사랑할게'

비 맞고 눈 오는 반세기

녹슨 열쇠 이국 산정

도자기 공방에서 구워낸 그림

목욕하는 여신女神

정성의 도자기 그림

목욕하는 여인상이

구워 놓고 고쳐 보니

대리석의 하얀 몸체

곡선과 굴곡이 빚은

여신女神인가 싶었다

북한산을 향해 나는 기러기 떼

북한산 기러기 떼

노을이 하루를 지우고

한 해를 마무리한다

여기에 기러기를 띄워

망각 속의 허虛를 날린다

목 놓아 아득한 비상

그 섭섭한 아름다움

산호섬을 바라보는 여심

산호섬을 바라보며

은고리 두른 초록 섬

삼천 년*이 떠올랐다

산호가루 발바닥 감촉

바랜 마음 뜨거운 백사白砂

산호섬 떠나는 눈빛

하얀 백 년 얹혀 간다.

---

*산호섬이 하나 만들어지는 기간이 대략 3천 년이 걸린다고

해안의 갈매기 떼

춤추는 갈매기 떼

감청색 산 갈매기 떼

해안에 회오리를 일군다

낭만을 쬐이려 나온

눈빛들과 맞닥뜨려

젊음의 한 물굽이 너머

가물가물 새떼가 뜬다

竹間吟罷風能和
花底夢歸身覺香
綠源이 名詩를 옮겨 적다

사군자四君子와 대나무

자연이 친 녹색의 대

우린 그걸 먹으로 친다

그리는 게 아닌 글씨 쓰듯

우린 그걸 붓으로 친다

자연 속 하늘이 친 대나무

우린 다만 흉내 낼 뿐…….

김포 수변상가 네온사인

수변상가 네온사인

아직은 제자리걸음

네온만이 반짝인다

갖가지 소망과 바램

물길은 아직 꽁꽁

꽃 피고 새 우짖는 날

꿈의 판도 네온사인

백자귀

애완견 말티즈

예쁜 놈은 예쁜 짓

자기의 품위를 지킨다

외출하다 귀가하면

문지방에 멈춰서 있다

주인이 발바닥을 닦아 줘야

입실하는 귀한 몸

꽃의 홍보요원

꽃의 홍보대사

신비한 꽃 이야기

고뻬 잡힌 긴 꽃가마길

구름 위를 딛고 사는

꿈의 높은 은빛 푯대

풋풋한 꽃말의 행궁

뜬눈 또 뜬 천지간

철마가 끊긴 철길 풍경

기차 끊긴 철길

기적 소리 끊긴지 오래

스무 해가 스쳐 갔다

철길엔 햇빛과 달빛

두 선 합쳐 빠져나갔고

아직도 때 되면 길가 집은

구들장이 흔들렸다

포인세티아 이슬의

루비 눈망울의 소녀상!

루비 눈망울

포인세티아* 물 한 방울

이슬은 루비 눈망울

마우스로 소녀상을

가만가만 그려 보았다

말갛게 뜬 루비 눈망울이

뭔가 내게 말을 했다

*포인세티아-잎이 주황색으로 된 이파리 꽃식물

대추는 대추

대추가 아무리 고와도

예술이 되겠냐고

대추를 찍는 나에게

누군가 물어보았다

대답을 안 한 채 여러 날

예술이란 보는 이 몫

제 2 부

포석문학관 안뜰에 핀 포인세티아 이슬

포석抱石*이 남긴 빛

툭 하는 밤 아람 소리 〈우주의 새 아들〉 기별이고

하늘이 날 버릴 양이면 〈벼락의 영광〉을 달라 시던

이 땅의 눈부신 빛 뒤로 어두움 속 감긴 눈.

나라 민족 고향 사랑, 사람과 문학의 질긴 인연

침 발라 장章 넘기는 필적 향과 빛의 보석 같다

그 빛이 서른 개 보석이라면 빛을 본 건 여남은 개.

---

*포석-조명희 시인의 아호雅號

넝쿨물봉선의 의젓한 목걸이

목걸이와 품위

목걸이는 여인에 따라

품위를 좌우한다

여기 꽃의 목걸이는

세련미가 아주 높았다

우아한 다이아의 안정감

견줄 이가 없었다.

팔십대 중반에 돌아본 해금강

해금강 소견

배로 한 바퀴 돌아본

바위섬이 바다 금강

섬과 바다 그리고 바람

연신 마시고 집어삼켰다

과분한 풍광을 마신 죄

폐렴으로 혼쭐 났다

송진이 보석이 된 호박琥珀 위에 핀 우담발라

우담발라優曇跋羅*

송진이 구슬이 된

모진 추위 긴긴 인내

그 호박琥珀 기도로 달군

염주의 허구한 날

새싹이 새로 돋아 신묘한

삼천 년 꽃 앙증맞다

---

*우담발라-3천 년에 한번 핀다는 전설의 신묘한 꽃

모델의 눈빛과 미소

모델의 표정

미美를 빚어 엮어가는

순수하고 밝은 입상

온유한 눈빛 너머

자아내는 예藝의 실꾸리

순간이 순간을 이끌고

찰칵찰칵 하늘 눈빛

꽃무릇, 피안화

꽃무릇, 피안화彼岸花

잎의 소임 다한 뒤에

살아온 자취 죄다 지워

그래야 피안화 이름표

가슴에 단 꽃무릇이 된다

치성 뒤 하늘이 서명해야

청자주青紫朱 빛 피안화

가을비, 열매 이슬

가을비·우수憂愁

서늘한 가을 열매

비 오자 심산한 온종일

추위도 한 계단 낮춘

옷깃 자주 여밀 때다

열매의 빗방울은 아버님

가시기 전 눈빛 같다

연잎 위의 초록 이슬

초록 이슬·초록 구슬

연잎 위의 초록 이슬

바람 불면 굴러갈까

이슬은 구슬 되고

구슬은 또 보석이 되는

빛 쬐면 동그란 에메랄드

눈이 부신 초록 반지

항아리와 진달래

항아리와 진달래

어머니 손맛이 익는

고추장 된장 항아리

처녀 적 분홍치마

꽃 시절의 장독대엔

항아리 장 익는 소리

진달래가 먼저 들었다

산채 분홍 은방울꽃

산채 분홍 은방울꽃

기도가 로프를 던진

구원의 손끈이라서

하늘도 감응의 쌈지에

진분홍을 담아 보냈다

흰색에 연연戀戀한 진분홍……

솔솔 살아 입힌 분홍……

네 잎 클로버가 무더기로 피어 있다

네 잎 클로버의 초록 섬

네 잎 클로버도

이제는 유전자로 해결

그 말이 맞는갑다

네 잎 클로버의 초록 섬

행운도 네 꺼 내꺼 없는

그런 세상 꿈을 꾼다

눈 속의 복수초

눈 속의 복수초福壽草

추위가 거셀수록

금빛 더욱 선명하다

눈 들추고 피어나면

금빛 바람 남실대는

수壽와 복福 거꾸로면 복수

생각 바꿔 얻는 행복

추억 담긴 도시락 집

양은 도시락

구겨진 양은 도시락

보리밥에 고추장 종지

밥 속에 감춘 에그 프라이

밑반찬을 끼워 주는

가난이 씹히는 옛이야기

눈물 젖던 행주치마

물 위의 소금쟁이

소금쟁이 보법步法

사람도 물 위를 걷고

뛸 수도 있을 것 같다

소금쟁이 물 위의 보법

그 비밀을 풀 수 있다면

발이며 지팡이에 풍선

빠지지 않고 걸어가는……

야생 해바라기 꽃대솜털 이슬이
붉은 장미를 배경으로 했다

신형 악기 연주회

맑고 높은 소리의 색

쇠 소리가 아름답다

꾀꼬리가 초록을 가르며

삐히삐 쫑 누비는 소리

귀 밝힐 트라이앵글

천상의 음악이 된다

용오름의 구름 상像

용오름의 장관

빛 뿜으며 여의주 입에 문

한 마리 용 하늘을 오른다

맏형께서 행운을 빈다며

손수 찍어 보내온 사진

우레 속 드러나는 위용

용오름의 장관을 본다

다섯 개의 인형 사랑동이

인형과 여친女親

이 인형 너무 예쁘지?

꼬마에게 물어봤다

응 그런데 외톨이가

많이 슬프다고 했다

인형의 여친을 부탁한 아기

여친은 뭐 여자 친구래

가시연의 어린잎 뚫고 나온 꽃대

가시연 개화

여린 잎은 응석받이

하트의 꿈 그려 보이는

무슨 수로 가시 잎 뚫고

꽃대 올린 기적의 진분홍

하늘도 숨죽인 채 내려와

물끄러미 혀를 찬다

해넘이 광경

해넘이의 불떡 장관壯觀

불길은 성층권까지

삽시간에 물들인다

꿀꺽 삼킬 지평과 수평

군침 도는 분홍 불떡

저 하늘 대장간 풀무질

찰진 불떡 떡메 소리……

꽃기린 꽃잎 이슬

할아버님 마고자 단추

할아버님 풍골 좋아

손자는 늘 자랑스러웠다

뭣보다 마고자 단추

노란 호박琥珀이 탐났다

꽃기린 이슬 속 그 단추

풍신 좋은 할아버님

삼지구엽초의 귀여운 꽃망울

으스대는 꽃망울

양팔을 허리에 얹고

으스대는 귀여운 모습

삼지구엽三枝九葉 힘의 원천

그래서 더욱 어여쁘다

도르르 구르다 날개가 될

시詩로 매단 꽃망울

향유병이 보이는 금사매

향유병의 여왕

신장新房을 등에 업고

거북이가 기어간다

미니어처 향유의 여왕

천의 서방 거느리고

꽃향기 취한 호위무사

천상天上 고요 깊은 잠

제 3 부

홍연의 나들이

홍연의 나들이

무더위 열대야 이기고

엄마 아빠 아기 연 나들이

연초록 유모차의 아기 연

엄마 아빠 눈 맞추고

꽃자리 연밥은 구슬염주*

기도로서 대代를 잇는……

*염주-연밥 속 열매로 염주를 만든다, 단단하고 윤기가 난다

가을 모과, 추억에서

파계사 뒤뜰 모과

울퉁불퉁 선대의 얼굴

출렁이는 고장의 향기

투박한 눈요기의

듬직한 믿음의 중량

파계사 뒤뜰 밝힌 모과 향

주지 스님 환한 미소

엄마를 바라보는 애기 옹방구리

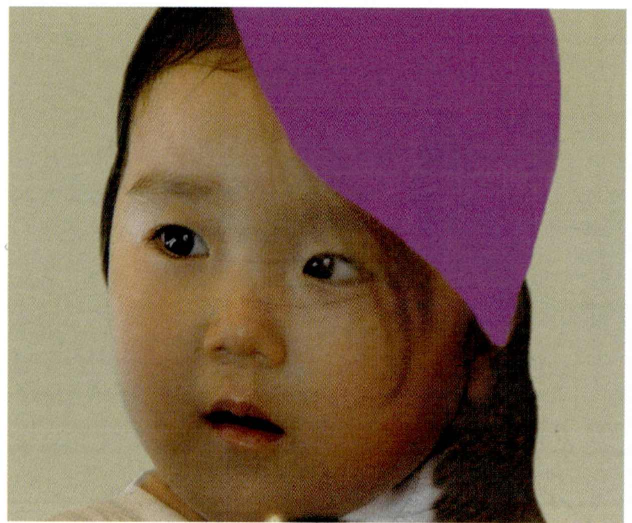

애기 옹방구리*

사랑의 으뜸은 엄마

아기의 전부였다

물끄러미 바라만 봐도

행복이 되는 순간순간

아기의 사랑은 옹방구리

찰찰 넘치는 옹방구리

*옹방구리-옹기로 만든 작은 물동이

금끈 선인장 꽃술

하얀 화초 닭

작고 예쁜 화초 닭을

어디선가 본 일이 있다

그들의 돈독한 사랑

작지만 커 보였다

한 날개 늘어뜨려 호리는

수컷 위엄 근엄했다

눈부신 황금 어리연꽃

황금 어리연蓮

황금을 얇게 밀어

가는 실로 뽑아 엮으면

네가 될까 황금 어리연

미감美感의 옥좌 같다

황홀한 목숨의 둘레

남실 물살 황금 물살

겨우살이가 노란 열매를 매달고 있다

효험의 소리

높다란 가지 끝에

노랑 빨강 매단 눈망울

이파리 시퍼런 추위

된서리를 맞고 있다

가지 끝 찬바람에 익는

톡톡 튀는 효험 소리……

먼 비행 마치고 귀항하는 여객기

하늘길

구름의 풀솜 위에

한참 쉬다 가고 싶은

귀소하는 비행 몸체

많이는 피곤했을 터

높이 떠 멀미도 건너뛴

반짝 반짝 무사귀환

함소화

표주박

석간수 대통으로 받아

화강암 물확에 돌린 물

항아리에 다시 결을 삭혀

표주박으로 정갈하게 뜬 물

지리산 물소리 귓가에 얹고

우전雨前* 한 잔 올리리까.

*우전雨前-곡우穀雨 전에 작설雀舌(참새 혀 닮은) 차의 어린잎을 따 제작한 녹차의 으뜸가는 차

대형 외등과 비둘기

외등과 비둘기 도사道士

외등 위의 비둘기

자로 잰 듯 앉아 있다

균형의 도사들이다

양쪽의 수가 똑같다

중앙과 양쪽 등燈 위에 셋

좌우 각각 열네 마리

함박꽃, 작약

얼굴 붉힌 깔끔이

주케토*를 빌린 걸까

꼭지 베레모일까

연록의 비단 머플러

목에 살짝 두른 맵시

소녀는 얼굴을 붉힌

사랑 징표 깔끔이……

*주케토-교황 : 흰색, 추기경 : 붉은색, 주교 : 자주색을 쓰는 동그란 모자

남아공 에델바이스

남아공 에델바이스

당초엔 흰 꽃이다가

이웃한 꽃 색깔에 취해

조금씩 물이 들어

노랑 분홍 다홍이 됐다

그래서 무지개도 자주

언덕 위에 얹힌다.

이끼 이슬

하늘 새

하늘 나는 새의 가족

새끼를 들쳐 업고

나른히 하늘을 난다

앞서거니 뒤서거니

날아서 하늘을 얻는

문득 깨친 저 일각一覺*

*일각一覺-단 한 번의 깨달음

남천 열매에 매달린 얼음 이슬

2017, 얼음 이슬

이른 봄 변덕 날씨

눈이 오고 오슬 추위

이슬이 얼어붙는

희한한 변덕 날씨

모두가 배신당한 요즘

미친 날씨 실성 바람

선인장 꽃

사막, 수신受信의 귀

사막에 사는 선인장

몸통은 물 저장창고

열사熱砂의 천 리 사막은

밖의 소식 캄캄하다

그래서 꽃송이 수신의 귀

쌍으로 열고 듣나 보다

다육식물 천녀의 꽃, 해바라기

뜨거운 자갈 해바라기

불을 먹은 자갈덩이

알을 낳아야 했다

암탉이 알을 낳듯이

해바라기를 꽃 피웠다

펄 펄 펄 끓는 뜨건 분만

아 비로소 안는 해

하얀 자라연꽃

작은 부처님

하늘이 만판 내려와

하트의 잎 눈부신 꽃

사랑이 점지한 순결

자비로 사른 작은 부처님

옛 봉당 크기만 한 연못가

떨고 있는 하얀 사랑

겨우살이 노랑 빨강 열매

사랑의 열매

어여삐 여기는 생각

가난하고 어려운 이웃

초췌한 이 구석구석

꾀나 많은 여기저기

그 빨간 빛이 강림하는

김 오르는 따뜻한 연민

리나리아 꽃

인상 쓰는 서양 강아지

불도그도 아닌 강아지

착할까 사나울까

강아지는 강아진데

성품을 알 수가 없다

주인은 알아보고 따르지

애교 떨며 귀여울지……

설치물, 달항아리

달항아리

손님에게 달을 품은

항아리를 알리려나 보다

자기瓷器 속에 뜨는 얼굴

도공인가 명인인가

가끔은 눈짓을 보내다가

부르는 듯 손짓한다

작은 초롱꽃 바위 털

바위 털

털이란 작은 것을

가리키는 말인 성싶다

조그만 초롱꽃 이르는 말

바위 털이라 불렀다

바위에 붙어사는 까닭에

작은 초롱 바위 털

덕유산, 리프트 타고 보는 스키장

덕유산 스키어

리프트 타고 정상에서

스키장을 보노라면

스키어가 가물가물

움직이는 곤충 같다

나 또한 곤충이 되어

곤충들과 놀고 싶다

그라지오라스 새싹

녹색의 칼

흰색의 예리한 칼

그게 아닌 녹색의 칼

사람에게 쓰일 칼 아닌

초록숨결 지키는 칼

수목의 대자연 포용하는

나무사랑 지킴이 칼

제 4 부

제주 봄날, 길가의 유채꽃

아스팔트와 유채꽃 길

노란 옷의 유치원생

안녕하고 손 흔든다

노란 옷의 아기 손바닥

방긋방긋 웃으며 간다

서울의 리라초등생

병아리 듯 예쁜 모습

역광 속의 강아지풀

강아지풀

역광으로 무리를 볼 때

그중 아름다웠다

미풍이 살짝 스쳐 가면

빛살의 편린들이 춤추고

보송한 만삭의 속삭임이

빈 공간을 메워 갔다

나팔 부는 여왕

단애의 여왕에게

이슬 눈을 달아 줬다

문어여왕 왕방울 눈

사방팔방 훤히 꿰뚫고

여왕이 꽃 나팔 불면

소리 속에 뜨는 새

마른 꽃, 노단새

분홍 비닐 꽃

생화일 땐 바삭바삭

말리면 사그락 삭삭

마른 꽃의 으뜸이 될

연분홍 띤 정갈한 꽃

묶어서 매달면 높새바람*

빛 발하는 분홍 소리……

---

*높새바람-뱃사람이 〈동북풍〉을 이르는 말

단엽종 바위취

단엽종 바위취

심심산골 태생인가

키 작고 튼실한 몸

짐을 많이 나른 탓에

못 자라 굵직한 몸통

가슴에 갈무리한 뜨거움

붉게 깨문 두툼한 사랑

층운선인장과 꽃핀 뒤 열매

빨간 장독대

바이오 김장독이라며

손자가 가져왔다

묻어 놓고 가라 했더니

대충 묻어 놓고 떠났다

산골 눈 제법 쌓이는데

맛깔스런 김치 될까

백두산의 흰 복주머니꽃

하얀 복주머니꽃

백두산엔 신神의 안개

병풍 두른 기운이 숨 쉰다

천지 얼굴 보기 힘들어

김 오르는 뽀얀 물살

우리 혼 담긴 하얀 난초

맨 먼저 핀 복주머니꽃

매화 한 송이

매화 한 송이

꽃샘추위 심술의 눈발

추위 또한 여간 매섭고

꽃잎이 감싸고 있는

매화 꽃술 밖을 살핀다

꽃 필 날 의논하며 얼싸안고

소통하는 꽃술 가족

매미 닮은 난초

녹색 매미 난초

칠 년을 땅속 애벌레

매미로 태어나 보름

그것도 마다하고

난으로 태어난 매미

맴 맴 맴 울음소리 품고

울림으로 맴을 돈다

독일 아이비 꽃술

도르르 말린 꽃술

뭔가 시늉이 안 되어

사랑의 말 건네는 모습

그건 사랑의 교태

사랑한다는 신호일 거야

암술에 꽃가루 날리며

도르르 말린 사랑의 말

오색기린초

뿌리에서 핀 장미

작고 큰 장미가 핀

뿌리들이 엉겨 있다

무성한 뿌리에서

튼실한 장미가 핀다

꽃잎이 두툼한 장미

향기 일듯 향기 뿜듯……

인형 닮은 난초꽃

난초의 인형극

볕 가리개 커다란 모자

꽃잎 두 송이 인형

손에 손을 움켜쥐고

야웅이 춤 노래 실력

꼬리 단 동물 인형극

수만 년 된 동아리 춤

체리

맛 보다 빛, 체리

경주에서 보내온 체리

접시에 담아 음미한다

맛보다도 눈부신 빛

아까워 먹지 못 한다

타고난 빛 위에 내리는 빛

체리 보석 홍보석

설치물, 우산

한 무리 색의 우산

봄비가 나직이 밟으면

안개 속 새 촉 트는 소리

소나기가 후려치면

우레 속 광폭해 지는 잎

색깔 속 선을 긋는 번개

북을 치는 우산 소리……

글라스 걸개

글라스 걸개

더위가 좀 숙으면

글라스에 몇 잔 생각

바다를 바라보면

맛은 한결 살아나고

오륙도 흔들리는 눈 끝에

갈매기가 꽂힌다

색동바람자루

색동바람자루

마파람[*] 샛바람[**]에

하늬바람[***] 일러 주는

우린 풍향을 알면

유리한 입장을 고른다

바람 향向 제대로 가누면

뜻에 따라 추는 춤

---

* 마파람 → 남풍
** 샛바람 → 동풍
*** 하늬바람 → 서풍

설치물, 종이학

종이학 날다

색색이 날고 있는

무지개 띤 종이학

날면서 꿈을 던지고

뜨면서 희망을 보내는

종이학 아련한 비상飛翔

수심 흩는 빛살 가루……

연꽃 상사화

연꽃 상사화

꽃은 잎 못 보고

잎 또한 꽃을 못 보는

지상 연 보지 못하는

저승쯤의 연꽃일까

그 꿈을 지상에서 보는

극락인 듯 분홍 연蓮

팔각연 두 송이

초록 우산

손님을 위해 준비할

우산을 고르라면

팔각연 초록 우산이

어떠냐고 묻고 싶다

확 펴면 팔각의 우산

꿈의 소리 빗방울

잎 위의 무당벌레

무당벌레

빨간 등 검은 점박이

무당벌레 작아서 귀여운

날개 딱지 열리더니

포르릉 날아갔다

앉았다 뜨는 꽃자리

무당춤의 붉은 진동……

부추 꽃, 하나리아

연보라 부추 꽃

연하고 약해 보이는 키

게다가 연보라를 띈

보라가 보라끼리

어울려 빛은 헌칠한 미美

너 하나 짝사랑한 그가

부른 이름 하나리아

수로 가의 카페

차 한 잔 들고 싶은 곳

한여름 하오 세시

수로水路 가의 작은 카페

그늘진 자리 기웃대는

살랑바람을 맞이한다

얼음 든 시원한 차 한 잔

더 바랄 게 없었다

작품 해설

시와 사진의 융합을 통한 서정의 확장과 심화

_유성호(문학평론가, 한양대 국문과 교수)

시조와 디지털 사진예술의 미학적 융합

_김삼환(시인/한양대 대학원 문화콘텐츠과 박사과정 수료)

시와 사진의 융합을 통한 서정의 확장과 심화

_유성호(문학평론가, 한양대 국문과 교수)

1.

녹원 이상범 선생의 신작시집 『쇠기러기 설악을 날다』는, 디카시집으로서는 여섯 번째이고 시집으로는 스물네 번째가 되는, 이상범 시적 생애의 한 귀결점이자 새로운 분기점에 펼쳐진 웅숭깊은 미학적 화폭이다. 선생은 지난 15년여 동안 사진을 정성스레 찍고, 거기에 서정의 순간성을 심미적 언어로 병치하고 결합함으로써, 새로운 예술적 형식을 꾸준히 일구어온 시조 시단의 아방가르드이다. 이미 선생은 "남이 못 듣는 소리 속에 들을 수 있는 소리, 다른 이에겐 보이지 않는 영상을 볼 수 있는 영역을 짚어가는 일순의 기쁨"(「머리말」)을 고백하고 있거니와, 첫 디카시집인 『꽃에게 바치다』(2007) 이후 꾸

준히 균질적인 자신만의 시적 수행을 해온 셈이다. 그런데 이번 시집에서는 이른바 '시사일여詩寫一如'라는 지향과 함께 단시조만을 그 안에 담음으로써 매우 각별한 의미망을 구축하고 있다. 이 점, 이상범 선생의 예술적 정점에서 사진과 단시조가 만나 이루는 절승絶勝이 아닐 수 없을 것이다.

아닌 게 아니라 우리는 현대시조의 함축적 미학을 가장 잘 보여줄 수 있는 양식이 단시조라는 점에서, 이상범 선생의 이번 시집이 정형 양식의 한 고전적 위상을 선명하게 보여줄 수 있다고 생각한다. 물론 단시조는 그 안에 삶의 전체성 혹은 큰 스케일을 담기는 어렵지만, 사물의 단면이나 정서의 '충만한 현재형'을 전해준다는 측면에서는 섬광과도 같은 빛을 우리에게 준다. 이러한 단시조의 속성을 남김없이 집대성한 선생의 결실은, 우리 시대 현대시조의 한 위의威儀를 경험하게끔 하는 동시에 정형 양식의 정점을 만나보게끔 하는 기회를 제공한다는 점에서 괄목할 만한 성과가 아닐 수 없는 것이다. 결국, 우리는 단시조의 생략과 압축의 미학, 그리고 율독적 배려와 견고한 구심적 형식 미학을 통해 선생만의 단형 서정이 주는 전율과 그로부터 생성되는 깊은 심연을, 선생이 찍은 사진과 함께 느껴볼 수 있을 것이다. 이처럼 이번 시집에는 시와 사진의 융합을 통한 서정의 확장과 심화 과정이 가득 녹아 있다. 이 글은 이상범 선생의 지난 첫 디카시집 해설자가, 선생의 마지막 디카시집 해설을 쓰는 형식으로 진행된다. 선생의 예술적 궤적을 따라 동행한 흔적으로 남을 수 있어, 그 기쁨과 영광이 결코 작지 않다.

2.

이상범 선생은 이번 시집을 통해서도 사물에 빗대어 자신의 경험을 노출하고자 하는 욕망을 경계하면서, 그 대신 사물이 가지고 있는 본래적 속성을 언어로 충실하게 재현하고자 한다. 이는 '사진寫眞'이라는 방법적 은유를 통해 이루어지는데, 그만큼 선생은 사진과 관련한 자의식을 여러 풍경으로 보여준다. 이러한 시와 사진의 결속은 사물에 대한 관조와 거리 유지 그리고 그 과정에서 지향해가는 삶의 지표를 유추하고 성찰하는 구체적 방법이 되고 있는 것이다. 또한, 이는 색과 빛과 잔상의 원리를 가진 사진에 대한 시인 특유의 예술적 감각을 보여주는 동시에, 그 이면에 우리 삶의 순간이 남게 되는 시간에 대한 태도를 알려주는 것이기도 할 것이다. 그렇게 번져오는 미적 파문 속에서 우리 마음이 열리고 사물과 마음이 만나게 되는 것이다. 그 사물의 가장 주류적인 형상은 단연 '꽃'의 심상으로 나타난다.

신비한 꽃 이야기
고삐 잡힌 긴 꽃가마길
구름 위를 딛고 사는
꿈의 높은 은빛 푯대
풋풋한 꽃말의 행궁

뜬눈 또 뜬 천지간

–「꽃의 홍보대사」 전문

잎의 소임 다한 뒤에
살아온 자취 죄다 지워
그래야 피안화 이름표
가슴에 단 꽃무릇이 된다
치성 뒤 하늘이 서명해야
청자주青紫朱 빛 피안화

–「꽃무릇, 피안화彼岸花」 전문

우리가 '꽃'의 원형 심상을 생각할 때 가장 먼저 떠오르는 것은 아름다움의 의미일 것이다. 청년 나르키소스가 죽어서 피어난 수선화는 '꽃=미'라는 전통 관념을 선명하게 담고 있다. 그만큼 '꽃'은 아름다움이라는 원형 심상을 견고하게 지닌다. '장미'나 '백합' 등이 아름다움의 상징으로 쓰이고 있는 것도 이러한 사실을 뒷받침하지 않는가. 다른 한편으로 '꽃'은 숙명적 한시성을 원형 심상으로 거느린다. 낙화를 통해 삶의 덧없음 혹은 모든 존재자들의 죽음을 비유해주기 때문이다. 이러한 두 원형 심상을 느슨하게 연결하면, '꽃'의 본성은 짧은 절정의 순간적 아름다움으로 집약된다고 할 수 있다. 그 순간의 절정을 이상범 선생은 이렇게 한편으로는 사진으로, 한편으로는 시조로 잡아내고 있다.

먼저 그 절정은 "신비한 꽃 이야기"를 전하는 "꽃의 홍보대사" 형상을 하고 등장한다. "고삐 잡힌 긴 꽃가마길"을 걸으면서 "꿈의 높은 은빛 푯대"를 환기하는 이 "풋풋한 꽃말의 행궁"이야말로 시인이 참여하는 "뜬눈 또 뜬 천지간"일 것이다. 단아하고 촘촘한 시상詩想이 사진의 구체성과 더불어 매우 감동적으로 다가오는 작품이다. 그런가 하면 이상범 선생은 '꽃무릇' 형상을 통해 "잎의 소임 다한 뒤에/살아온 자취"를 지우면서 "피안화 이름표"를 얻어 가는 과정에 동참한다. "치성 뒤 하늘이 서명"함으로써 그 이름표가 생겨나고 결국 "청자주青紫朱

빛 피안화"에 이르는 아름다움과 성숙의 과정을 노래하는 것이다. 그렇게 이상범 선생이 찍고 노래하는 '꽃'에는 "맑고 높은 소리의 색"(「신형 악기 연주회」)이 깃들여 있다. 더불어 다음 시편들도 이러한 색상과 어조를 균형 있게 유지하고 있다 할 것이다.

역광으로 무리를 볼 때
그중 아름다웠다
미풍이 살짝 스쳐 가면
빛살의 편린들이 춤추고
보송한 만삭의 속삭임이
빈 공간을 메워 갔다

-「강아지풀」 전문

하늘이 만판 내려와
하트의 잎 눈부신 꽃
사랑이 점지한 순결

자비로 사른 작은 부처님

옛 봉당 크기만 한 연못가

떨고 있는 하얀 사랑

-「작은 부처님」 전문

역광 속에 비친 '강아지풀'은 그 자체로 아름다운 풍경을 구가하고 있다. 미풍과 "빛살의 편린들"이 춤추면서 이루어내는 이 아름다운 화음은, "보송한 만삭의 속삭임"으로 빈 공간을 메워가고 있다. 그런가 하면 "하늘이 만판 내려와/하트의 잎 눈부신 꽃"은 '작은 부처님'으로 은유되면서 사랑과 자비의 형상을 하고 있다. 그 안에는 "옛 봉당 크기만 한 연못가/떨고 있는 하얀 사랑"이 넘쳐난다. 하얀 자라연꽃을 대상으로 한 이 시편에서 시인은 "수목의 대자연 포용하는"(「녹색의 칼」) 아름다움을 발견해낸 것이다. 이처럼 선생은 '꽃'이나 '풀'의 형상을 통해 정점의 심미적 순간을 노래함으로써, 시간이 멈춘 듯한 사진의 효과와 함께, 복합예술로서의 시조를 우리에게 새롭게 보여준 것이다.

우리가 잘 알듯이, 서정시의 존재 방식은 사물과 시인의 마음을 동일성으로 통합하는 서정의 원리에 있다. 특별히 시조는 이러한 원리를 가장 구체적으로 성취할 수 있는 최적화된 양식이라 할 것이다. 그 점에서 커다란 정치 이념에 귀속되지 않는 다양하고도 구체적인 일상적 경험들을 삶의 보편적 이법理法으로 확산하는 것은, 모든 시조 시인이 지향해가야 할 확연한 시적 브랜드일 것이다. 그때 우리는 사물들이 품고 있는 시적 비의秘義를 발견하고 형상화하는 시인들의 태도와 역량에 흔들리지 않는 신뢰를 보낼 수 있을 것이다. 이상범 선생은 이러한 시조만의 예술적 장처長處를 새로운 실험으로 지속해온 것이다. 아닌 게 아니라 선생이 일련의 디카시집을 출간하자 우리 시조 시단에서는 각별한 반향이 나타난바 있다. 시를 먼저 쓰고 그에 어울리는 사진을 조합하는 방식이 아니라, 사물 속에 내재한 형상을 찍어 문자로 재현하는 과정을 선생이 밟아갔기 때문이다. 그 점에서 선생은,

시인이 시를 창작한다는 의미보다는 사물 속에 있는 '시적인 것'을 찾아내왔다고 해도 좋을 것이다. 그만큼 선생은 시인의 상상력보다는 사물의 상상력을 중시하면서 아름답고 황홀한 순간의 충만함을 착색해온 것이다.

3.

최근 우리는 전통적으로 '시적인 것'이라고 이야기되었던 범주가 새롭게 구성되고 확장되어가는 내파內破 과정을 숱하게 경험하고 있다. 매체나 시인의 숫자가 급증했고, 그것은 그대로 '시의 위기' 자체를 희화화하는 예외적 활력으로 나타난바 있다. 이러한 현상이 일종의 집단적 성격을 가지고 나타난 것이 최근 일군의 젊은 시인들이 아닐까 하는데, 감각만을 중시한다든지 초과된 언어 형식이라든가 시 아닌 것들과 상호텍스트적으로 접합해서 시를 쓴다든가 하는 것이 그 대표적 현상일 것이다. 그 점에서 최근 우리 시의 변모는 일종의 '초과된 상상력'을 새롭게 가다듬고 개성화하려는 의욕과 함께, 다양한 매체적 경험의 수용으로 나타난다고 생각할 수 있다. 이러한 현상의 연장선상에서 우리는 '디카시'를 바라볼 수 있지 않을까 한다. 사진과 시를 동시에 찍고 쓰는 작업은, 그만큼 우주의 비밀을 '눈(사진)'과 '귀(시)'로 동시에 보고 듣는 일종의 멀티 예술의 형식을 띠기 때문이다. 그리고 언어가 다른 물질 형식과 결합하면서 이루어낸 '언어를 넘어서는 언어 예술'이 바로 디카시의 생성적 의의일 것이기 때문이다. 그 점에서 사진이 시를 읽게 하는 매체가 되게끔 하는 이상범 시조는 문학사적 갱신 요구를 충일하게 수용해간 결실이다. 그만큼 선생의 작업은 영상에서 한 차원을 높이고 또 시에서 한 차원을 높인 성취라고 할 수 있을 것이다.

아닌 게 아니라 이상범 선생은 우리 시조 시단을 대표하는 원로이자, 자신의 작품에 대해 언제나 활력과 항심恒心을 잃지 않는 '젊은 시인'이다. 가령 선생은 시조와 그림을 결합시키는 시화詩畵 양식의 실험을 펼쳐 시화집 『하늘의 입김 땅의 숨결』(1987) 등을 펴낸 바 있고, 서예를 통해서도 자신의 예술적 조예를 한껏 보여주기도 하였다. 그렇게 선생은 고답의 언어예술 안에 갇히지 않고 '시'와 '사진'을 통해 또 새로운 양식적 자기 갱신을 지속해간다. 다음 작품들을 더 읽어보자.

설악에서 나래를 고정
쏜살같이 내닫는 도래지
한 사흘 머물다 서해안
겨울나기 할까 보다
자욱한 철새족의 축제
춤으로 푼 고향 사투리…

–「쇠기러기 비행」 전문

사람도 물 위를 걷고
될 수도 있을 것 같다

소금쟁이 물 위의 보법

그 비밀을 풀 수 있다면

발이며 지팡이에 풍선

빠지지 않고 걸어가는…

–「소금쟁이 보법步法」 전문

앞의 시편은 이번 시집의 제목을 유추적으로 선사한 작품이다. 설악에서 나래를 고정한 채 쏜살같이 도래지로 내닫는 철새들은, 한 사흘 머물다가 서해안으로 겨울나기를 떠난다. 그 순수한 순환 과정이 시인이 눈에 들어온 것이다. 그야말로 "자욱한 철새족의 축제"가 "춤으로 푼 고향 사투리"처럼 다가오는 순간을 시인은 이렇게 사진과 시조로 잡아놓았다. 또한, '소금쟁이'에 대한 극사실적 관찰을 통해서는 "물 위의 보법"을 통해 사람도 그 비밀에 동참할 수 있지 않을까 하는 가능성을 사유해본다. "낭만을 쬐이려 나온"(「춤추는 갈매기 떼」) 시인의 상상력이 사진과 함께 빛을 뿌리는 순간이 아닐 수 없을 것이다.

네 잎 클로버도

이제는 유전자로 해결

그 말이 맞는갑다

네 잎 클로버의 초록 섬

행운도 네 꺼 내꺼 없는

그런 세상 꿈을 꾼다

–「네 잎 클로버의 초록 섬」 전문

백두산엔 신神의 안개

병풍 두른 기운이 숨 쉰다

천지 얼굴 보기 힘들어

김 오르는 뽀얀 물살

우리 혼 담긴 하얀 난초

맨 먼저 핀 복주머니꽃

–「하얀 복주머니꽃」 전문

이렇게 시인이 노래하는 "네 잎 클로버"나 "하얀 복주머니꽃"은, 한편으로는 지상의 질서를 넘어서는 꿈을 선사해주고, 한편으로는 "신神의 안개"처럼 "병풍 두른 기운"을 가득 뿌려준다. 참으로 "세련미"(「목걸이와 품위」)를 갖춘 채 "저 하늘 대장간 풀무질"(「해넘이의 불떡 장관壯觀」)을 담아내고 있는 이 자연 사물들의 하늘거리는 장면이야말로, 우리가 서정의 원리를 통해 가닿을 수 있는 최량의 순간이 아닐 수 없을 것이다.

다시 한 번 강조하지만 이러한 이상범 선생의 예술적 시도는 형식에서의 절제, 내용에서의 단아함을 속성으로 하는 단시조에 의해 묶여 현상된다. 물론 그 사이의 창조적 균형이 없다면, 시조 양식의 확장이나 개신은 불가능하고 또 무의미할 것이다. 그만큼 선생은 단시조의 정격正格을 유지하면서 사물의 질서를 적극적으로 매개하고 통합하려는 의지를 줄곧 보여준다. 따라서 우리는 선생의 이러한 시조 미학에 대한 지속적 굴착 의지를 두고, 시조의 양식론에 대한 실천적 실험이자 시조가 현대 양식으로 거듭날 수 있는 가능성에 대한 정공법적 도전이라고 규정할 수 있을 것이다. 정형이라는 외적 제약에도 선생의 단시조들은 원초적 통일성의 순간을 회복하려는 서정 양식 본래의 지향을 풍요롭게 구현하고 있기 때문이다.

4.

우리가 알고 있듯이, 디카시의 가장 중요한 속성은, 재현의 역할은 최대한 사진에 부여하고 시는 다시 그것을 묘사하는 방법을 택함으로써, 사진과 시 가운데 어느 하나가 다른 하나의 종속물로 전락하거나 어느 하나가 다른 하나를 번안飜案하는 것이 아니라 서로 대등하게 친화하게끔 하는 데 있을 것이다. 그 과정에서 우리는 '언어를 넘어서는 언어 예술'의 극치를 경험하는 것이다. 하지만 그것을 '디카시'로 명명하는 한 그것은 '시'일 수밖에 없다. 그래서 사진의 예술성이 미완에 머무를지라도 그 '순간의 충만함'을 구성해낸 시인의 시적 상상력은 더없이 중시되어야 할 것이다. 이러한 디카시에 대한 지속적인 관심은, 영상 매체 시대에 시적인 가치를 거듭 일깨우고 인간을 궁극의 원리로 이끄는 양식적 탐색의 결과가 될 수 있을 것이다. 속도전의 무모함과 자기 소모적 열정으로부터 현대인의 감각과 인지 능력을 복원하는 데 필요한 경험적 시사를 얻게 하는 데도 디카시는 충분히 일조할 것이다. 이러한 속성에다 예술과 역사의 무게를 얹은 시편을 써서 선생은 이번 시집에 다수 넣었다.

미美를 빚어 엮어가는
순수하고 밝은 입상
온유한 눈빛 너머
자아내는 예藝의 실꾸리
순간이 순간을 이끌고
찰칵찰칵 하늘 눈빛

–「모델의 표정」 전문

대추가 아무리 고와도
예술이 되겠냐고
대추를 찍는 나에게
누군가 물어보았다
대답을 안 한 채 여러 날
예술이란 보는 이 몫

-「대추는 대추」 전문

이상범 선생은 "미美를 빚어 엮어가는/순수하고 밝은 입상"을 노래함으로써 그 안에 깃들인 "온유한 눈빛 너머/자아내는 예藝의 실꾸리"를 찾아낸다. 아니 그 안에는 "순간이 순간을 이끌고/찰칵찰칵" 하는 "하늘 눈빛"이 일렁이고 있다. 여기서 모델의 표정을 읽고 있는 사진사는 곧 '시인 이상범'의 변형된 존재론적 초상이라 할 것이다. 선생은 그 "예藝의 실꾸리"를 위해 오늘도 사진을 찍고 시를 써가고 있다. 또한, 선생은 아파트 화단에 있는 커다란 대추를 찍으면서 "예술이란 보는 이 몫"

임을 강조하기도 한다. 누군가의 물음에 침묵으로 답하면서 대추도 아름다운 예술이 될 수 있음을 실물적으로 응답한 것이다. 결국, 선생은 사진에 대한 강렬한 자의식을 통해 '예술'에 대한 본질적 사유를 진행하고 있는데, 그 사유의 편린들이 아름다운 단시조와 결합하면서 우리 시조 시단을 환하게 밝히고 있다. 나아가 이러한 사유의 깊이는 우리 역사의 고단한 흔적을 향하고 있기도 하다.

포인세티아 물 한 방울
이슬은 루비 눈망울
마우스로 소녀상을
가만가만 그려 보았다
말갛게 뜬 루비 눈망울이
뭔가 내게 말을 했다

–「루비 눈망울」 전문

톡 하는 밤 아람 소리 〈우주의 새 아들〉 기별이고

하늘이 날 버릴 양이면 〈벼락의 영광〉을 달라 시던

이 땅의 눈부신 빛 뒤로 어두움 속 감긴 눈.

나라 민족 고향 사랑, 사람과 문학의 질긴 인연

침 발라 장章 넘기는 필적 향과 빛의 보석 같다

그 빛이 서른 개 보석이라면 빛을 본 건 여남은 개.

–「포석抱石이 남긴 빛」 전문

울긋불긋한 잎사귀와 진한 초록 잎을 가진 포인세티아에 한 방울 이슬이 내렸는데, 그것을 두고 시인은 "루비 눈망울"이라고 비유적 명명을 한다. 그때 '소녀상'과 "말갛게 뜬 루비 눈망울"이 연결되면서 시인으로서는 사물이 건네는 말을 듣고 있다. 물론 여기의 '소녀상'은 단순한 '소녀의 상像'일 수도 있고, 눈물로 얼룩진 이 나라 역사의 '소녀상'일 수도 있으리라. 어쨌든 선생은 그 안에서 영롱하기 그지없는 눈물을 읽어낸다. 특별히 역사의 무게가 얹힌 뒤의 시편은 이 시집에서 거의 유일하게 연

시조로 쓰인 작품이다. 선생과 동향同鄕인 일제 강점기 시인 포석 조명희趙明熙를 떠올리면서, 선생은 "이 땅의 눈부신 빛 뒤로 어두움 속 감긴 눈"을 환기해낸다. 또한, 그분의 "나라 민족 고향 사랑" 그리고 "사람과 문학의 질긴 인연"을 사유하면서 보석 같은 포석의 빛을 줍고 있다. '보석'과 '포석'의 유사한 언어적 질감이 그 안에서 눈부시게 만나고 있다 할 것이다.

이처럼 이상범 선생은 사진을 통해 예술과 역사의 순간을 미시적으로 정성스레 옮겨놓고는, 그 옆에 나란히 자신만의 역작인 시조를 심어놓는다. 물론 이렇듯 사진과 시조를 찍고 쓰는 작업은, 우주의 비밀을 '눈(사진)'과 '귀(시)'로 동시에 보고 듣는 일종의 복합 예술적 형식을 띤다. 개별적으로 존재하는 무수한 사물들 혹은 순간들에 바치는 헌시獻詩인 이 작품들은, 한편에서는 아름다운 사물 풍경첩이 되고 있고, 한편에서는 우리 모어母語의 심미성이 도달한 한 고처高處를 보여주는 뜻깊은 실례가 되고 있는 것이다. 결국, 우리는 언어가 다른 형식과 결합하면서 이루어낸 '언어를 넘어서는 언어 예술'이 이번 시집에서 보여주는 이상범 시학의 지속적이고도 완미한 세계라고 말할 수 있을 것이다.

5.

우리는 정형 율격을 섬세하게 지켜가면서 다양한 삶의 양상을 반영하는 일이 앞으로 시조 양식에 부여된 미학적 과제라고 생각한다. 물론 단시조가 취하는 미학에 원천적 제약이 따른다는 점에 대해서는 이견異見이 있을 수 없다. 가령 단시조는 사람살이의 구체적인 모습을 풍요롭게 담아내기도 어렵고, 정형이라는 요건을 최소한도로 충족한 채 여러 변격變格을 시도하기에도 비좁은 양식이다. 따라서 단시조는 직관적이고 고요한 세계에 대한 편향으로 흐를 개연성을 가진다. 하지만 우리는 바로 그러한 직관적이고 고요한 속성이 바로 사진과 어울리면서 이상범 시학의 절정을 만들어낸 것이라고 생각하게 된다.

말할 것도 없이, 우리는 물리적 시간 속에서만 살지 않고 고유한 경험적 시간 속에서 저마다의 실존을 영위해 간다. 그래서 시간이란 물리적 실체로서 우리에게 주어지는 것이 아니라, 각자의 경험적 구체 속에서 구성되어 가는 사후적事後的인 것이다. 이러한 시간 의식의 탈바꿈이 직선적 시간 의식에 대한 저항에서 발원한 것임은 두말할 것도 없을 것이다. 이러한 의식의 바탕 위에서 생성된 이상범 시조는, 섬세한 관찰과 표현의 언어를 통해 많은 이들을 정서적으로 위무해갈 것이다. 그래서 선생이 던지는 언어는 공명이 남다를 것이고, 그것을 읽는 독자들은 그 구체적 풍경 속에서 위안과 치유의 계기를 새삼 얻게 될 것이다. 그리고 선생 스스로도 무한한 예술적 치유를 얻으면서, 노익장의 시선으로 그다음 세계를 열어갈 것이다. 그 창작의 여정에 우리의 비평적 시선도 충실하게 따라갈 것이다.

시조와 디지털 사진예술의 미학적 융합

_김삼환(시인/한양대 대학원 문화콘텐츠과 박사과정 수료)

세계는 지금 4차 산업혁명이 논의되고 있다. 4차 산업혁명의 핵심은 디지털 혁명이다. 디지털 혁명은 물리적으로 존재하는 실재성이 정보기술과 융합하여 가상의 세계를 만들어내고 그 가상세계가 다시 현실 세계를 구현하고 견인하는 기술혁명을 의미한다. 여기에는 예술 분야도 예외가 될 수 없다. 디지털기술을 일부라도 응용하지 않는 순수 전통예술이 예술의 구심력으로 존재한다면 새로운 변화를 받아들이고 문화기술(Culture Technology)을 응용하여 지금까지 전혀 볼 수 없던 첨단 예술세계를 펼치는 것 또한 예술세계의 원심력으로 기능한다고 할 수 있을 것이다. 이러한 문화기술의 적용은 자신의 예술만 고집하지 않고 인접 예술과의 융합을 가능하게 했다. 융합, 협업, 퓨전, 컨버전스 등 많은 용어가 혼용되고 나름

대로 그 의미의 차이가 있긴 하지만 어떻든 그것은 예술의 각 분야 간 상호 소통을 통해 새로운 예술의 세계가 펼쳐지고 있는 것을 말한다.

1975년 미국의 코닥에서 최초의 디지털카메라를 출시한 이래 사진 분야만큼 변화에 변화를 거듭한 부문도 없을 것이다. 원래 사진은 현실에 실재하는 존재물을 이미지로 재현하는 것이었다. 여기에 사진가의 독특한 앵글과 명도의 장단이 결합하여 하나의 예술적, 미적 가치를 유발하는 작품으로 탄생하는 것이 사진예술이었다. 필름의 현상과 인화 과정을 거쳐야 했던 사진은 디지털기술이 적용되면서 보관이라는 물리적 공간에서 해방되었고 다시 컴퓨터라는 정보기술 처리 과정과 결합하여 새로운 예술의 신세계가 펼쳐졌다. 사진의 픽셀을 원천으로 하는 그림이 나오기도 하고, 사진은 다시 회화의 작업과정을 거쳐 사진에 그림이 더해지는 이른바 '사화寫畫'를 탄생시키기도 했다. 그러나 이것은 사진의 생성원리와 회화의 기본을 알지 못하고서는 이뤄낼 수 없는 지난

한 과정이 숨어있다. 다시 말하자면 미학적 감수성의 개입 없이 기술 발전만으로는 도전하기가 용이한 분야가 아니라는 말이다.

이상범 선생은 시를 쓰는 시인이다. 그러나 단순히 시만 쓰는 게 아니라 디지털기술을 응용하여 사진과 회화를 시작 과정 속에 넣고 버무려서 예술 장르 간의 경계를 허물고 새로운 이미지를 창출해내는 시를 쓰고 있다. 하나의 작품이 탄생하기까지 그 작업과정에는 출사를 위한 발걸음과 수백 장, 수천 장의 사진을 골라내는 엄청난 육체적 노동이 투여된다. 또한, 그렇게 골라내는 사진 중에서 심안의 정수를 뽑아내는 정신적 노동이 함께 해야만 가능한 작업인 것이다. 이런 과정을 통해 문자예술인 문학(시)과 영상예술인 사진과 시각예술인 회화를 하나의 이미지로 묶어내면서 한국의 시인들이 한 번도 가보지 못한 미답지를 새로 개척하고 있는 것이다. 사진과 시를 결합하여 사진에 의미를 부여하거나 시의 이미지를 보완해 주는 것을 흔히 '디카시'라고 명명하여 부르고 있다. 그것은 사진과 시가 각각 별개로 존재하면서도 사진 속에서 시를 읽어내고 시 속에 사진을 배치함으로써 사진에 깊이를 더하고 시에 입체성을 부여하여 효과를 배가하려는 예술적 시도이다. 이상범 선생은 여기에서 다시 한 단계를 더 들어가서 사진과 회화를 융합하고 그 후에 추출되는 이미지와 시를 결합하는 것이다. 다시 말하면 시인의 심상에 순간적으로 포착되는 사진을 찍어서 핵심이 되는 이미지만 남기고 나머지는 버리는 작업이다. 그 작업 과정은 마치 그림을 그리는 것처럼 색의 조화는 물론이고 새로운 물상을 창조하는 회화의 기법을 적용하여 이루어진다. 말하자면 사진과 회화와 시가 하나의 이미지로 통합이 되는 것이다. 이렇게 하려면 정확한 앵글을 잡아야 하는 사진가의 눈과 채색의 농도와 깊이를 재는 화가의 눈, 그리고 글의 행간과 여백의 조화를 아는 시인의 눈이 하나의 이미지에 포커스를 맞추어 심안의 에센스를 뽑아내야만 가능한 작업이라 여겨진다.

현대회화에서 강조되는 하이퍼 리얼리즘은 세밀한 묘사의 효과를 배가시키는 극사실주의를 표방하고 있다. 이러한 극사실주의는 현실을 재현하는 사진과 불가분의 관계를 맺고 있는 것이 특징이다. 이상범 선생의 일련의 작품들을 하이퍼 리얼리즘 시각에서 보는 것도 그렇게 무리는 아니라고 생각한다. 말하자면 사진이 현대미술에 응용되어 회화적 시각으로 접근하고 현상과 인화를 대신하는 디지털기술을 적용하여 재가공 되는 과정을 거치면서 극도로 세밀하게 대상을 포착하거나 미세한 부분을 극대화하여 새로운 이미지의 작품을 만들어내고 있기 때문이다. 그러므로 이상범 선생의 이러한 일련의 작품을 명명할 때 의미가 협소하고 다소 한정적인 '디카시'라고 하는 것은 이상범 선생이 새롭게 시도하고 있는 탁월한 예술세계를 모두 포괄하지 못한 측면이 있다는 점을 지적하지 않을 수 없다.

어떻든 이상범 선생의 작품 완성을 위한 작업과정은 몇 가지 전형으로 나누어 볼 수 있다. 첫째는 사진 자체에서 시의 이미지를 잡아내는 것이다. 이것을 편의상 A 타입이라 부르기로 한다. 둘째는 사진을 재배치하거나 핵심적인 것들을 중복으로 배치하여 새로운 이미지를 만들어 내는 것이다. 이를 B 타입이라 부르기로 한다. 셋째는 사진에서 하나의 이미지를 뽑아내기 위해 회화의 과정이 수반되는 것들이다. 흔히 이런 작업을 '포토샵'이라고 부른다. 이를 C 타입이라 부르기로 한다. 넷째는 A/B 타입과 C 타입을 복합한 형태이다. 이를 D 타입이라 부르기로 한다. 이 과정의 어느 단계에서 시인의 시상이 전개되느냐는 주목의 대상이 아니다. 왜냐하면, 처음부터 어떤 시를 쓸 것인가를 의도하고 이미지를 찾을 수도 있고 이미지가 구현되는 과정에서 시의 씨앗을 찾아낼 수도 있으며 하나의 작품을 완성한 후에 불현듯 시인의 감성과 미학의 촉수가 뻗쳐 나올 수도 있기 때문이다.

이제 이상범 선생의 이번 작품집 『쇠기러기 설악을 날다』에서 지난한 작업과정의 구체적인 예를 찾아보고 그 미학적 의미를 살펴보기로 한다.

1. 사진과 시가 통합된 하나의 이미지로 구현(A 타입)

(사진) 시계방향으로 <손에 손을 여미고> <해금강 소견> <외등과 비둘기 도사> <가을비·우수>

위의 사진들은 현실에서 존재하는 실재물이 바로 시적 이미지로 치환된 것들이다. 이는 사진과 시가 통합되어 하나의 이미지로 구현됨으로써 보다 쉽게 이해할 수 있는 작품들이다. 다만, 이미지의 집중도를 높이기 위해 직접적으로 관련성이 적은 부수적 배경은 이를 단순하게 바꾸거나 없애는 과정을 거친 작품들이다. 「손에 손을 여미고」는 새봄에 부드러운 새싹이 올라오는 장면을 순간 포착한 것으로 마치 집도의가 환자 몸을 수술하듯 세밀하게 들여다보지 않으면 잡을 수 없는 명장면이다. 이러한 장면을 '손'으로 이미지화 한 것은 누구라도 비교적 쉽게 이해할 수 있다. 「해금강 소견」은 해금강을 돌아본 소감을 회상하고 「외등과 비둘기 도사」는 좌우 균형을 맞춰 도사처럼 앉아 있는 비둘기를 포착했다. 「가을비·우수」 또한 가을비가 내려 열매 끝에 맺힌 이슬을 '아버지의 눈빛'으로 회상하고 있다. 이러한 작품들이 일반적으로 회자되는 소위 '디카시'의 전형인 것이다.

2. 사진을 재배치하거나 중복으로 배치하여 새로운 이미지 창조(B 타입)

(사진) 〈노래하는 비짜루〉 〈인형과 여친〉 〈녹색 매미 난초〉

이 부류의 작품들은 실제로 존재하는 현실의 한 장면을 촬영하여 작품에 적합한 이미지로 전환하기 위해 핵심적 부분을 재배치하거나 중복으로 배치하여 효과를 높여주는 것들이다. 이러한 작품들은 다음에 얘기하는 C 타입과는 분명한 차이가 있다. 왜냐하면, 현실에 존재하는 물리적인 실물들을 사진에서 그 위치를 부분적으로 옮겨 놓거나 재배치한 것이기 때문이다. 「노래하는 비짜루」는 비짜루의 열매를 마치 악보의 음표처럼 중복으로 배치함으로써 "청소 하려 방을 쓸 때/흔들리는 방울 소리/맑은소리 은방울 소리/귀가 밝은 쇠 방울 소리/잉가잉 징가잉 소리/노래하는 비짜루…"라는 명품 단시조를 탄생시키고 있다. 여기서 "잉가잉 징가잉 소리"를 어떻게 읽어내는지 그 청각적 명징함에 독자의 한 사람으로서 다만 탄복할 따름이다. 「인형과 여친」은 동일한 모양의 꼬마 인형을 중복으로 배치하여 천진난만한 시인의 심성이 꼬마 인형에 투영된 작품이다. 「녹색 매미 난초」는 개화 직전 난초의 한 장면을 크기만 달리하여 중복으로 배치하고 이를 매미와 동일한 이미지로 본 작품이다. 사실 이상범 시인은 난초의 전문가이다. 난을 키우는 전문가이고 난화를 그리는 것도 그렇다. 난 그림 전시회도 수차례 열어본 선생의 경험에 비추어 이번 작품집에 난에 대한 사화寫畵가 많은 것은 자연스러운 현상으로 보인다.

3. 사진에 회화가 개입하여 새로운 이미지 창조(C 타입)

이러한 부류의 작품에서는 회화에서 적용하는 채색의 기법을 응용한다. 이것도 디지털기술이 가져온 융합의 한 예이다. 붓을 들고 색감을 풀어 칠하는 것이 아니라 컴퓨터에 프로그램으로 내장된 채색의 미감을 선택하여 새로운 이미지를 창조해내는 작업이다. 그야말로 몇 시간이고 앉아서 노동력을 투입하여야만 가능한 일이자 지속적으로 매달리는 끈기 없이는 이룰 수 없는 결과물이다. 여기에 이상범 선생의 회화에 대한 미학적 관점이 십분 발휘되고 있음은 두말할 나위가 없다.

(사진) 〈쇠기러기 비행〉 〈춤추는 갈매기 떼〉 〈추기경 세 분이〉 〈목걸이와 품위〉

다시 말하면, 이 그룹에 속한 일련의 작품들은 회화의

미적 감수성을 터득하지 않고서는 완성할 수 없는 것들이다. C 타입의 작품들에는 흑백과 컬러가 어떻게 조화를 이루는지 사진과 회화의 경계를 가늠하기 어려울 정도로 빼어난 작품들이 많다. 「쇠기러기 비행」과 「춤추는 갈매기 떼」는 차분하고 톤이 낮은 동양화를 보는 듯하고 추기경의 모자를 형상화한 「추기경 세 분이」와 넝쿨물봉선화에 목걸이를 그려 넣은 「목걸이와 품위」는 컬러가 빛을 발하는 정물화가 눈앞에서 생동하고 있다.

(사진) 〈포인세티아〉

포석*이 남긴 빛

톡 하는 밤 아람 소리 〈우주의 새 아들〉 기별이고

하늘이 날 버릴 양이면 〈벼락의 영광〉을 달라 시던

이 땅의 눈부신 빛 뒤로 어두움 속 감긴 눈.
나라 민족 고향 사랑, 사람과 문학의 질긴 인연
침 발라 장章 넘기는 필적 향과 빛의 보석 같다
그 빛이 서른 개 보석이라면 빛을 본 건 여남은 개.

*포석-조명희 시인의 아호雅號

시 「포석이 남긴 빛」(사진 포인세티아 참조)은 민족주의자이자 독립운동가이고 한글로 된 최초의 시집을 펴낸 포석 조명희 시인의 굴곡진 삶을 포인세티아 잎새 위에 보석처럼 얹어 놓고 있다. 이것은 포석문학관 안뜰에 핀 포인세티아 위에 내린 이슬을 카메라에 담은 후에 다시 회화 작업을 거쳐 이슬이 보석으로 전환되면서 포석이 남긴 빛으로 창조된 것이다. 툭 하고 떨어지는 밤 아람 소리를 '우주의 새 아들'(조명희 시인의 시 '驚異')의 기별이라는 조명희 시인의 심중을 읽어내고 포석의 삶과 문학의 질긴 인연을 보석으로 치환하고 있다. 이상범 시인의 앵글에 잡힌 포인세티아는 포석 조명희가 남긴

글과 필적의 빛이 바로 보석처럼 빛나 보였기 때문일 것이다. 그것이 서른 개의 보석(실제 세어보니 이슬 30개)이라면 빛을 본 건 여남은 개이니 조명희 시인에 관한 생애의 흔적은 아직도 발굴을 더해야 하고 빛을 많이 알려야 한다는 뜻도 포함하고 있다.

4. 사진과 회화를 혼합한 사화寫畵이미지 창조(D 타입)

이러한 D 타입의 작품은 시인의 시적 감수성이 강하게 적용된다. A 타입인 사진 자체에서 정수가 되는 이미지를 창조하는 데는 뭔가 부족하다는 점을 발견하고 화가의 손끝을 통한 명도와 채색을 보완하여 시인이 궁극적으로 갖고자 하는 미적 감성의 촉에 이르게 하는 작품들이다.

(사진) 〈정동진 새벽꿈에〉 〈사랑의 자물쇠〉 〈꽃무릇, 피안화〉

정동진의 일출 장면은 흔하게 볼 수 있으나 산 위에 있는 선박에 불이 들어오고 가로등의 실루엣이 겹쳐지는 새벽 정동진의 일출 장면은 보기 드문 장관을 연출하고 있다. 「꽃무릇, 피안화」는 강렬한 색상의 대비가 이 작품의 모든 것을 말해주고 있다. 마치 이상범 선생이 갈망하는 미적 이상향을 보는 듯 한동안 시선이 머문다.

잎의 소임 다한 뒤에

살아온 자취 죄다 지워

그래야 피안화 이름표

가슴에 단 꽃무릇이 된다

치성 뒤 하늘이 서명해야

청자주青紫朱 빛 피안화

–「꽃무릇, 피안화」 전문

나뭇잎 하나하나를 겹쳐 그린 「사랑의 자물쇠」는 젊은 남녀가 사랑을 언약하는 자물쇠처럼 남산 공원 철제 난간에 걸려 있거나 유럽의 어느 이름난 공원이나 다리 난간에도 실제로 걸려 있는 자물쇠를 유려한 미감을 통해 생동감 있게 표현한 것이다.

저마다 사랑의 언약

새겨 넣은 자물통

'검은 머리 파뿌리 되어도

너 하나만 사랑할게'

비 맞고 눈 오는 반세기

녹슨 열쇠 이국 산정

– 시 「사랑의 자물쇠」 전문

지금까지 몇 가지 타입으로 구분하여 이상범 선생이

새롭게 도전하고 추구해온 작품세계를 들여다보았다. 물론 이것만으로 선생의 작품들을 모두 구획하기는 어렵고 보다 더 신선하고 높은 안목으로 평가할 수 있는 평자를 기대한다. 선생은 시인들이 보통의 각오와 결단으로는 가기 힘든 미답지를 개척하며 그 열정을 쏟아왔다. 이와 같이 지속적으로 작품의 새로운 길을 끈질기게 시도하는 이상범 선생의 일련의 작품은 사진과 회화를 융합한 시각 이미지가 시의 내용을 보완해주고 시는 또 영상에 의미를 부여해 주는 지난한 작업과정의 일부를 보여주고 있다. 이러한 작품들은 깊고 넓은 예술 장르 간의 상호작용을 통해 치밀하게 계산된 시인의 시작 의도가 예술적으로 승화되고 있음을 엿볼 수 있는 것이다. 언급하지 않은 작품 중에서도 뛰어난 예술성과 형상화에 성공한 작품이 대다수이고 작품 하나하나가 엄청난 내공이 투여된 빼어난 작품들임을 찬탄하지 않을 수 없다. 다만, 필자의 필력 부족으로 이 작품집의 전모를 아우르는 개념의 정의와 정수를 뽑아내지 못한 아쉬움이 이 글의 한계임을 인정할 수밖에 없다.

출사를 위한 끊임없는 발걸음, 애정 어린 시선으로 사물을 들여다보고 존재하는 사물의 관찰 행위 자체를 통해 견디기 힘든 노년의 삶을 극복해온 노 시인의 이러한 도전을 필자는 경외하지 않을 수 없다. 그것은 사진과 시를 곁들여 펴낸 시집 『꽃에게 바치다』『풀꽃 시경』『햇살 시경』『하늘색 점등인』『초록 세상 하늘 궁전』 그리고 이번에 펴내는 『쇠기러기 설악을 날다』가 이를 증명한다. 지난 30여 년, 노 시인의 작업을 가까이서 지켜보아온 필자는 작업과정에 배어 있는 진한 눈물의 의미를 생각한다. 삶의 극한을 견디고 피어 올리는 노 시인의 예술혼은 그 어떤 꽃과도 비교될 수 없는 예술 세계의 흔적을 남기는 것이고 그 흔적은 우리 문단에선 결코 가벼이 할 수 없는 큰 족적으로 남을 것이다.